RÉPUBLIQUE FRANÇAISE

DÉPARTEMENT DU MORBIHAN

ASSISTANCE PUBLIQUE

RÈGLEMENT

POUR L'APPLICATION DE LA LOI DU 15 JUILLET 1893

SUR

L'ASSISTANCE MÉDICALE GRATUITE

Adopté par le Conseil général dans sa séance du 27 août 1899
et modifié par des délibérations ultérieures

VANNES
IMPRIMERIE GALLES, RUE DE L'HÔTEL-DE-VILLE

1903

ASSISTANCE MÉDICALE GRATUITE

RÈGLEMENT

Nous, Préfet du Morbihan, Chevalier de la Légion d'honneur,
Vu la loi du 15 juillet 1893 et l'instruction ministérielle du 18 mai 1894 ;
Vu les délibérations du Conseil général en date des 20 août 1897, 30 août 1898 et 27 août 1899,

ARRÊTONS :

TITRE Ier

Dispositions générales

ARTICLE 1er

Un service public d'assistance médicale pour les malades privés de ressources est établi dans le département du Morbihan en exécution de la loi du 15 juillet 1893.
Ce service, qui a pour but de faire donner gratuitement aux malades privés de ressources les secours de la médecine, de la pharmacie et de l'art des accouchements, s'étend à toutes les communes du département dans les conditions spécifiées ci-après.

ARTICLE 2.

Tous les médecins, pharmaciens diplômés, pourvus d'une officine, et sages-femmes qui auront donné leur adhésion au présent règlement pourront être appelés à donner leurs soins ou à fournir les médicaments aux malades privés de ressources, chacun en ce qui le concerne et dans les conditions prévues par les lois en vigueur.

ARTICLE 3.

Les médicaments seront payés au prix du tarif réglementaire.

ARTICLE 4.

L'Assistance médicale ne s'applique qu'aux malades proprement dits ; elle ne concerne ni les vieillards ni les incurables.

TITRE II.
Service médical à l'abonnement

ARTICLE 5.

Toutes les communes seront réparties en un certain nombre de circonscriptions fixées, sur notre proposition, par la Commission départementale.

ARTICLE 6.

Tous les médecins qui accepteront ce mode de rémunération peuvent être appelés à soigner les malades de leur circonscription. L'adhésion implique pour les médecins ou sages-femmes l'obligation de se rendre à l'appel du malade. Tout médecin ou sage-femme qui, après cette adhésion, refuserait son concours sans motifs légitimes serait exclu du service de l'assistance médicale, par décision motivée du Préfet.

ARTICLE 7.

Les honoraires des médecins seront réglés à raison de un franc par inscrit sur la liste d'assistance, conformément à la loi du 15 juillet 1893 ; la somme totalisée sera partagée entre les médecins d'après le nombre des bulletins de réquisition qu'ils auront reçus.

Ceux des sages-femmes, à six francs par accouchement.

Les opérations dites de grande chirurgie et les interventions obstétricales qui, en raison de leur caractère d'urgence absolue, ne pourraient être pratiquées à l'hôpital seront par exception payées suivant le tarif ci-dessous, établi par la Commission départementale.

1° Amputation de la cuisse ou du bras...................... 30f »
2° — de l'avant-bras ou de la jambe.................. 25 »
3° — du poignet ou du pied .... 20 »
4° — d'un doigt ou d'un orteil....................... 10 »
5° Réduction de hernie étranglée............................ 5 »
6° Opération de hernie étranglée............................ 30 »
7° Réduction de fracture ou de luxation d'un membre avec application d'appareil................................... 20 »
8° Chloroformisation...................................... 5 »
9° Accouchement laborieux................................. 20 »
10° Délivrance artificielle .... 15 »
11° Cathétérisme d'urgence................................. 5 »
12° Paraphymosis.. 5 »

Les opérations non prévues au présent tarif seront l'objet d'une note explicative de la part du médecin opérateur et le prix en sera fixé par la Commission départementale, sur la proposition du Préfet ou de son délégué. Lorsque l'assistance d'un aide sera nécessaire, ce dernier sera payé à raison de la moitié du prix fixé pour l'opérateur. Les médecins ne peuvent être appelés pour les accouchements qu'à défaut de sages-femmes. Dans ce cas, ils percevront une rémunération spéciale de six francs. Lorsqu'ils seront appelés par la sage-femme, ils percevront les honoraires prévus ci-dessus dans la liste des opérations.

ARTICLE 8.

Chaque médecin de l'assistance recevra en consultation une fois par semaine, à son domicile, les malades inscrits qui se présenteront. Les jours et heures de ces consultations seront arrêtés de concert entre les médecins et les maires des communes composant la circonscription médicale. Les intéressés en seront informés par un avis affiché en permanence à la porte de la mairie.

Indépendamment de ce jour de consultation, les médecins de l'assistance recevront les malades qui se présenteront à d'autres jours à leur domicile quand ils ne seront pas autrement empêchés.

Article 9.

Le malade qui se présentera à la consultation ou qui, dans le cas où la gravité de la maladie l'empêcherait de se déplacer, fera appeler le médecin à domicile, devra être muni d'un bulletin de visite délivré par le maire ou son délégué ; ce bulletin ne comportera qu'une réquisition, sauf à le renouveler s'il y a lieu. La visite devra être effectuée dans un délai de 15 jours à dater de la délivrance du bulletin par le maire. Passé ce délai, le malade devra se procurer une nouvelle réquisition.

Article 10.

Les malades qui n'ont pas acquis leur domicile d'assistance dans la circonscription médicale devront être munis, pour se présenter à la consultation, d'un certificat délivré par le Président du bureau d'assistance de la commune qu'ils habitent, constatant leur identité.

Article 11.

Les médecins de l'assistance qui, en cas d'absence ou de maladie, se feraient remplacer pour leur clientèle par un de leurs confrères, devront faire assurer le service par leur remplaçant.

Article 12.

Les honoraires des médecins leur seront payés en fin d'exercice.

TITRE III

Service médical à la visite

Article 13.

Dans les communes où le Conseil municipal aura adopté le paiement à la visite avec indemnité kilométrique, les médecins ayant accepté le présent règlement seront autorisés à percevoir leurs honoraires comme il va être indiqué, et les règles suivantes devront être appliquées.

Article 14.

Toute personne inscrite sur la liste d'assistance ou admise d'urgence par le maire a le droit de choisir son médecin.

Article 15.

Dans chaque mairie est déposé un carnet à souche pour la délivrance des bulletins de réquisition.

Article 16.

Lorsqu'une personne inscrite désire consulter le médecin ou la sage-femme, elle en fait la demande au maire de la commune. Celui-ci inscrit sur le carnet à souche et le bulletin de visite :
1° Le nom de la commune;
2° Le nom du malade ;
3° Son numéro sur la liste d'assistance ;
4° La distance kilométrique de clocher à clocher entre la commune domicile du malade et le domicile du médecin le plus rapproché ;
5° Il signe et date la souche et le bulletin.

ARTICLE 17.

Le médecin inscrit au moment de la visite, sur le bulletin qui lui est destiné, la date de ses visites, le prix et la nature de ses opérations.

Le bulletin de visite est conservé par le médecin pour être joint à l'appui de son mémoire.

ARTICLE 18.

Les pièces ci-dessus ne peuvent servir que pour une visite. Si le médecin juge nécessaire d'en faire un plus grand nombre, il remettra au malade un bon, sur le vu duquel le maire pourra délivrer un nouveau bulletin de réquisition.

ARTICLE 19.

Dans tous les cas, le bulletin de réquisition n'est valable que pendant un mois à dater de sa délivrance.

ARTICLE 20.

En cas d'urgence, le malade peut appeler le médecin ou la sage-femme directement, mais à la condition de réclamer dans les 24 heures le bulletin de réquisition au maire qui, dans ce cas comme dans les précédents, sera toujours libre de le refuser sous sa responsabilité. Le bulletin de visite devra immédiatement être adressé au médecin.

ARTICLE 21.

Les honoraires sont fixés ainsi qu'il suit : 0 fr. 75 par kilomètre à l'aller seulement, plus 1 franc par visite faite au domicile du malade ; la consultation dans le cabinet du médecin est gratuite.

Les honoraires des sages-femmes sont fixés à 6 francs par accouchement.

Les opérations de grande chirurgie et les interventions obstétricales qui, en raison de leur caractère d'urgence absolue, ne pourraient être pratiquées à l'hôpital, seront par exception payées suivant le tarif établi à l'article 7 du présent règlement.

ARTICLE 22.

Pour toute visite faite par le médecin dans la commune même de sa résidence, l'indemnité kilométrique ne sera due que si le malade habite à plus d'un kilomètre du médecin et, dans ce dernier cas, elle sera calculée d'après la distance du clocher de cette commune à la résidence même du malade. Pour toutes les communes autres que celle de la résidence du médecin, le tarif kilométrique sera toujours calculé d'après la distance de clocher à clocher, quelle que soit la résidence du malade dans la commune.

Le prix de la visite de nuit sera de 2 francs et l'indemnité kilométrique en pareil cas de 1 fr. au lieu de 0 fr. 75 ; toute visite effectuée partie de jour et partie de nuit sera comptée comme visite de jour si elle a lieu le soir, et comme visite de nuit si elle a lieu le matin. Il est bien entendu que lorsqu'un médecin appelé à domicile pour visiter un malade de l'assistance sera en même temps invité par le maire à voir un autre malade assisté, cette seconde visite ne donnera lieu à aucune indemnité kilométrique. Il en sera de même lorsque le médecin appelé par un malade payant dans une commune, ira, en même temps, visiter un malade de l'assistance. La distance kilométrique est celle du médecin de l'assistance le plus rapproché ; toute fraction inférieure à cinq hectomètres est négligée, toute fraction supérieure à ce chiffre compte pour un kilomètre.

ARTICLE 23.

Lorsque exceptionnellement, en cas de maladie grave, le médecin jugera utile de faire appeler un de ses confrères, il devra lui adresser une réquisition qui lui sera délivrée par le maire et servira de bulletin de visite pour le payement des honoraires de ce médecin.

TITRE IV
Service hospitalier

ARTICLE 24.

L'Assistance médicale gratuite étant organisée en vue des soins à donner à domicile, ce n'est qu'exceptionnellement que les médecins doivent admettre les malades à l'hospitalisation.

ARTICLE 25.

L'admission à l'hôpital a lieu sur la présentation d'un certificat du médecin contresigné par le maire et constatant qu'il est impossible de traiter le malade à domicile. Ce certificat indiquera les noms du malade, son numéro sur la liste et la nature de la maladie.

Ce certificat servira de titre à l'hôpital pour le remboursement du prix de journée.

ARTICLE 26.

Les malades des communes sont dirigés sur l'hôpital ou l'un des hôpitaux auxquels est rattachée la commune, conformément au tableau ci-après :

ARRONDISSEMENTS	COMMUNES	HOPITAUX de RATTACHEMENT	HOPITAUX SUBSIDIAIRES
VANNES	Toutes celles des cantons de la Roche-Bern^d, Allaire, La Gacilly et Rochefort-en-Terre.	REDON.	VANNES
	Toutes les autres communes de l'arrondissement................	VANNES.	
PONTIVY	Toutes celles du canton de Guémené.....	GUÉMENÉ.	PONTIVY
	Toutes les autres communes de l'arrondissement................	PONTIVY.	
PLOËRMEL	Toutes celles des cantons de Josselin et Saint-Jean-Brévelay	JOSSELIN.	PLOERMEL
	Toutes celles du canton de Malestroit.....	MALESTROIT.	
	Toutes les autres communes de l'arrondissement................	PLOËRMEL.	
LORIENT	Toutes celles des cantons d'Auray, Pluvigner et Quiberon................	AURAY.	Vannes ou Lorient
	Toutes celles du canton d'Hennebont.....	HENNEBONT.	
	Toutes celles du canton de Port-Louis....	PORT-LOUIS.	LORIENT
	Toutes celles du canton de Belle-Ile-en-Mer.	PALAIS.	
	Toutes les autres communes de l'arrondissement................	LORIENT.	

En ce qui concerne certaines maladies qui exigent un traitement spécial, en cas d'urgence, le Préfet peut extraordinairement prononcer l'envoi dans un hôpital autre que celui auquel est rattachée la commune, et même dans un hôpital dépendant d'un autre département. Le transport du malade a lieu par les soins du représentant du bureau d'assistance et aux frais du service.

Le Préfet pourra également, dans les cas ordinaires, prononcer l'envoi des malades dans un hôpital dépendant d'un département voisin, lorsque les communes ou le département du Morbihan y auront intérêt.

Le remboursement aux établissements hospitaliers des frais de séjour de malades privés de ressources sera effectué conformément aux règles de la comptabilité et d'après le prix de séjour fixé par le Préfet.

La liquidation et le mandatement au profit des établissements charitables des frais de séjour des malades et blessés hospitalisés seront effectués par la Préfecture, dans le mois qui suivra l'expiration de chaque trimestre, sur le vu d'un état établi en triple expédition. Cet état, qui devra parvenir avant le 15 des mois de janvier, avril, juillet et octobre, comprendra l'ensemble de la dépense constatée dans le cours du trimestre pour tous les malades et blessés hospitalisés par les communes de la circonscription hospitalière et par l'administration préfectorale. Les hôpitaux devront adresser, en double expédition, chaque mois, au Préfet, en même temps que les certificats médicaux d'admission des malades entrés dans le courant du mois, prévus à l'article 25 du présent règlement, un état nominatif, par commune, indiquant l'amélioration, l'aggravation ou l'incurabilité survenue dans la situation des malades hospitalisés. Une des expéditions sera adressée à la commune intéressée par les soins de l'Inspection départementale de l'assistance publique.

ARTICLE 27.

Le prix de journée dans les hôpitaux du département est fixé ainsi qu'il suit pendant la période quinquennale courante :

Hôpital de Vannes	2f	»
— Pontivy	1	80
— Guémené	1	75
— Ploërmel	1	80
— Josselin	1	50
— Malestroit	1	50
— Lorient	2	»
— Auray	1	60
— Hennebont	1	50
— Port-Louis	1	25
— Le Palais	1	50
— Redon	1	75

TITRE V
Pharmacie et Fourniture d'appareils.

ARTICLE 28.

Les ordonnances devront indiquer le nom du malade, celui de la commune et la date de la visite.

ARTICLE 29.

Les médicaments nécessaires aux malades seront fournis, sur la production des ordonnances des médecins, par tous les pharmaciens ayant adopté le tarif réglementaire établi par le Conseil général. Ils pourront l'être par les médecins dans les cas et conditions prévus par les lois et règlements en vigueur sur l'exercice de la pharmacie et suivant le même tarif.

ARTICLE 30.

Toute délivrance de médicaments autres que ceux inscrits au tarif est absolument interdite, sauf dans les cas tout à fait spéciaux et dûment constatés par les médecins. Les spécialités et les eaux minérales ne pourront être mises à la charge du service.

ARTICLE 31.

Les appareils orthopédiques et prothétiques sont fournis en vertu de la décision de la Commission administrative du bureau d'assistance, prise sur le vu du certificat du médecin traitant et après autorisation préfectorale. Ils seront délivrés contre remise desdites décisions par un des hôpitaux auxquels la commune est rattachée et leur valeur ne pourra excéder le prix inscrit au tarif. Le remboursement en sera effectué par le service, conformément aux factures accompagnées des décisions et autorisations y afférentes.

ARTICLE 32.

Les pharmaciens présenteront les ordonnances à l'appui de leurs mémoires, lesquels seront établis d'après les prix inscrits au tarif et conformément au modèle adopté dans les Côtes-du-Nord.

TITRE VI
Comptabilité.

ARTICLE 33.

Les dépenses du service de l'assistance médicale gratuite seront liquidées et payées par année, à l'exception de celles relatives aux hôpitaux et aux sages-femmes, qui seront réglées par trimestre ; ces dernières devront fournir un état nominatif, par commune, des accouchements, visé par le maire ou son délégué.

Les médecins, pharmaciens et fournisseurs divers sont tenus de produire leurs décomptes-mémoires de l'année à laquelle ils se rapportent au plus tard pour le 10 janvier qui suit l'année écoulée, sous peine de déchéance de leurs droits.

ARTICLE 34.

La liquidation des dépenses devant s'opérer de manière que la part incombant à chaque commune, à chaque département intéressé ou à l'État puisse être directement portée à son débit, il sera dressé par les parties prenantes ci-dessus désignées, un décompte-mémoire par débiteur, c'est-à-dire par commune débitrice pour les malades possédant leur domicile de secours dans cette commune, par département débiteur pour les malades possédant leur domicile de secours départemental. Un décompte-mémoire comprendra les malades sans domicile de secours à la charge exclusive de l'État. Toutefois, en ce qui concerne les malades admis en vertu de l'article 20 de la loi, leur dépense pendant les 10 premiers jours de la maladie sera inscrite au décompte-mémoire de la commune dans laquelle ils ont été admis à l'assistance médicale. A partir du 11e jour de la maladie, la dépense sera portée au décompte-mémoire de la commune, du département ou de l'État, suivant le domicile de secours du malade.

ARTICLE 35.

Les décomptes-mémoires seront résumés dans le même ordre, c'est-à-dire par catégorie de débiteurs, sur un bordereau récapitulatif, de manière à ne donner lieu qu'à un seul mandat sur la caisse départementale.

ARTICLE 36.

Les décomptes-mémoires, de même que les bordereaux récapitulatifs, sont établis en double expédition sur des formules imprimées fournies par l'administration.

ARTICLE 37.

Les médecins doivent transmettre à la Préfecture, aux dates fixées par l'article 33 du présent règlement, les billets de visite, et les pharmaciens les ordonnances se rapportant à l'année écoulée.

Ces pièces sont accompagnées d'un bordereau récapitulatif établi conformément au tarif adopté.

Les médecins qui délivrent des médicaments produisent deux mémoires : sur l'un, ils portent exclusivement leurs visites et opérations ; sur l'autre, les médicaments qu'ils ont fournis.

ARTICLE 38.

Les mémoires des pharmaciens et ceux des médecins qui auront fourni des médicaments seront vérifiés par une Commission composée de quatre médecins et de deux pharmaciens nommés pour un an par M. le Préfet.

Cette commission est présidée par le Préfet ou son délégué. Le Président a voix prépondérante.

ARTICLE 39.

L'Inspecteur départemental de l'assistance publique est délégué à l'effet de diriger le service, de centraliser et de vérifier tous les documents qui devront être soumis à l'approbation préfectorale.

ARTICLE 40.

Pour l'ordre et la clarté de la comptabilité, il sera tenu dans les bureaux de l'inspection départementale un registre ou sommier récapitulatif par commune indiquant :

1° Le nombre des inscriptions sur les listes communales d'assistance ;
2° Le nombre des malades de chaque commune assistés dans l'année ;
3° Les frais d'honoraires ou de transport des médecins ;
4° Les frais d'accouchements par les sages-femmes ;
5° Les frais d'hospitalisation ;
6° Les frais pharmaceutiques et d'appareils ;
7° Les frais de transport des malades.

Un sous-détail présentera le résumé par catégorie de malades classés d'après leur domicile de secours.

ARTICLE 41.

La comptabilité relative aux ressources destinées à couvrir les frais de toute nature du service de l'assistance médicale sera tenue par les bureaux de la Préfecture.

ARTICLE 42.

L'Inspecteur départemental adressera chaque année au Préfet et au Conseil général, pour la session d'août, un rapport sommaire sur l'exécution de la loi du 15 juillet 1893.

ARTICLE 43.

Les arrêtés antérieurs relatifs au service de l'assistance médicale gratuite sont rapportés en ce qu'ils ont de contraire aux dispositions du présent arrêté.

ARTICLE 44.

MM. les Maires et M. l'Inspecteur départemental de l'assistance publique sont chargés, chacun en ce qui le concerne, de l'exécution du présent arrêté.

Vannes, le 1er décembre 1903.

Le Préfet du Morbihan,
ERNEST MOULLÉ.

ASSISTANCE MÉDICALE GRATUITE

TARIF PHARMACEUTIQUE

PRÉFACE

Le tarif ci-après, divisé en deux parties, établit les prix pour tous les médicaments simples et les préparations pharmaceutiques autorisées.

La première partie comprend la nomenclature et les prix de médicaments usités habituellement.

Le prix des articles prescrits au centigramme ou vendus au litre, au mètre ou au nombre, figure dans la première colonne destinée aux quantités diverses.

La dernière colonne indique le maximum de chaque substance pouvant être prescrit et délivré en une seule fois.

Les poids et les prix de 1 à 5 décigrammes, de 1, 5, 10, 30, 100 et 500 grammes le plus habituellement employés, sont portés dans les huit colonnes intermédiaires.

Les quantités usuelles sont seules taxées; pour les quantités non taxées, les règles suivantes ont été adoptées :

1° Le prix du poids non taxé est compté comme le plus voisin taxé, inférieur ou supérieur;

2° Les fractions inférieures à 3 centimes ne sont pas comptées; 3 et 4 centimes seront comptés comme 5 centimes;

3° Toute quantité inférieure à celle portant le prix le plus faible sera taxée comme cette dernière.

La deuxième partie est réservée aux prix des manipulations nécessitées par les préparations magistrales et contient les indications spéciales qui doivent servir de guide.

Les contenants devront toujours être fournis par les malades; dans aucun cas ils ne seront admis sur les factures.

1º NOMENCLATURE ET PRIX DES MÉDICAMENTS.

NOMENCLATURE	QUANTITÉS diverses	0.10	0.50	1 »	5 »	10 »	30 »	100	500	Maximum
A										
Absinthe......................	»	»	»	»	»	»	0.15	»	»	30 gr.
— maritime (sanguenite)...	»	»	»	»	»	»	0.15	»	»	30 gr.
Acide acétique crist............	»	»	»	»	0.10	0.20	0.50	»	».	5 gr.
— arsénieux pur............	jusq. 1 g. 0'20	»	»	»	»	»	»	»	»	
— azotique pur.............	»	»	»	»	»	0.10	0.15	»	»	15 gr.
— azotique alcoolisé (Esprit de nitre dulcifié)...........	»	»	»	»	0.10	0.15	»	»	·»	10 gr.
— benzoïque...............	»	»	»	0.10	0.50	0.75	1.50	»	»	5 gr.
— borique crist.............	»	»	»	»	»	0.10	0.15	0.50	1.50	100 gr.
— borique pulv.............	»	»	»	»	»	0.10	0.15	0.30	0.75	50 gr.
— chlorhydrique pur........	»	»	»	»	»	0.10	0.15	0.40	»	
— chromique...............	»	»	»	0.15	0.60	»	»	»	»	2 gr.
— citrique.................	»	»	»	»	»	0.10	0.30	»	»	15 gr.
— lactique.................	»	»	»	0.15	0.60	1 »	»	»	»	10 gr.
— phénique crist...........	»	»	»	»	0.05	0.10	0.30	1 »	»	50 gr.
— phénique brun liquide.....	»	»	»	»	»	0.15	0.30	1 »	»	500 gr.
— salicylique..............	»	»	»	0.05	0.25	0.50	»	»	»	5 gr.
— sulfurique pur...........	»	»	»	»	»	0.10	0.20	»	»	
— sulfurique alcoolisé (eau de Rabel).	»	»	»	»	0.10	0.15	0.30	»	»	30 gr.
— tannique (tannin)........	»	»	»	»	0.15	0.25	0.60	»	»	30 gr.
— tartrique................	»	»	»	»	»	0.10	0.30	»	»	15 gr.
— thymique crist. (Thymol)..	»	»	0.20	0.75	1.50	»	»	»	»	5 gr.
Aconitine crist................	jusq. 1 c. 0.30	»	»	»	»	»	»	»	»	
Agaric blanc pulv.............	»	»	»	»	0.20	»	»	»	»	
— de chêne (amadou)........	»	»	»	»	»	0.10	0.30	»	»	10 gr.
Alcool rectifié (pour potion).....	»	»	»	»	»	»	0.15	»	»	30 gr.
— camphré................	»	»	»	»	»	»	0.20	0.50	»	100 gr.
Alcoolats (tous les)............	»	»	»	»	»	0.15	0.40	»	»	30 gr.
Alcoolatures (toutes les)........	»	»	»	«	0.15	0.25	»	»	»	10 gr.
Aloès......................	»	»	»	«	0.05	0.10	»	»	»	10 gr.
— (teinture)................	»	»	»	»	»	»	0.20	»	»	30 gr.
Althæa (feuilles)...............	»	»	»	»	»	»	0.05	0.15	»	50 gr.
— (racines).................	»	»	»	»	»	»	0.10	0.30	»	30 gr.
— pulv....................	»	»	»	»	»	0.10	0.20	»	»	30 gr.
Alun pulv....................	»	»	»	»	»	0.05	0.15	0.25	»	100 gr.
— calciné.................	»	»	»	»	»	0.10	0.25	»	»	30 gr.
Amadou (agaric)..............	»	»	»	»	»	0.10	0.30	»	»	5 gr.
Amidon pulv.................	»	»	»	»	»	»	0.10	0.15	»	100 gr.
Ammoniaque liquide (alcali volatil)	»	»	»	»	»	»	0.10	0.25	»	100 gr.
— acétate.................	»	»	»	»	»	0.10	0.20	0.30	»	10 gr.
Ammoniaque (benzoate d')......	»	»	»	0.15	0.50	1 »	»	»	»	5 gr.
— (carbonate d')............	»	»	»	»	0.05	0.10	0.20	»	»	10 gr.
— (chlorhydrate d').........	»	»	»	»	»	0.10	0.30	»	»	10 gr.
— (valérianate d')...........	»	»	»	0.30	1.25	2 »	»	»	»	5 gr.
— (bromhydrate d') (bromure d'ammonium)...........	»	»	»	»	0.20	0.40	1 »	»	»	15 gr.
Anis vert....................	»	»	»	»	»	»	0.15	»	»	20 gr.
— étoilé (badiane)...........	»	»	»	»	»	»	0.20	»	»	15 gr.
Antimoine (oxyde blanc).......	»	»	»	»	0.10	0.50	»	»	»	»
— oxysulfure (kermès minéral)	»	0.10	0.20	0.30	»	»	»	»	»	
Antipyrine (analgésine).........	»	»	»	0.20	1 »	1.75	»	»	»	5 gr.
Apomorphine.................	le cent. 0.20	1 »	»	»	»	»	»	»	»	
Argent (azotate cristal. ou fondu).	»	0.10	»	0.25	1 »	»	»	»	»	5 gr.
Aristol (Thymol bi-iodé)........	»	»	»	0.30	1.25	»	»	»	»	5 gr.
Arnica (teinture)..............	»	»	»	»	»	»	0.20	0.20	»	100 gr.

NOMENCLATURE	QUANTITÉS diverses	0.10	0.50	1 »	5 »	10 »	30 »	100	500	Maximum
Armoises (feuilles)	»	»	»	»	»	»	0.15	»	»	30 gr.
Asa-fœtida pulv	»	»	»	»	0.10	0.15	»	»	»	
Asperges (racine)	»	»	»	»	»	»	0.15	»	»	60 gr.
Atropine et ses sels	jusq. 5 c. 0.40	0.60	»	»	»	»	»	»	»	
Aunée (racine)	»	»	»	»	»	»	0.15	»	»	30 gr.
Axonge	»	»	»	»	»	»	0.10	»	»	30 gr.
B										
Bains (Voir le Formulaire)	le bain sulfureux 0.25									
Bandage simple	la pièce 2.50	»	»	»	»	»	»	»	»	1 par an.
— double brisé	la pièce 5. fr.	»	»	»	»	»	»	»	»	id.
Bandes à pansements en toile....	la bande de 5 mètres sur 6 centimètres 0 fr. 30..							1 »	»	5 mètres.
— de tarlatane...............	la bande de 5 mètres sur 6 centimètres 0 fr. 40..							2 »	»	5 mètres.
Baume du commandeur	»	»	»	»	»	»	0.25	»	»	30 gr.
— copahu. (Voir Copahu).....	»	»	»	»	0.20	0.40	»	»	»	30 gr.
— de Fioraventi	»	»	»	»	0.15	0.40	»	»	»	30 gr.
— Opodeldoch	1/2 fl. 0.50	»	»	»	»	»	»	»	»	1/2 flacon.
— tranquille	»	»	»	»	0.10	0.20	»	»	»	30 gr.
Belladone (feuilles)............	»	»	»	»	0.10	0.20	»	»	»	30 gr.
— feuilles pulv...............	»	»	»	0.05	0.50	»	»	»	»	1 gr.
— racines pulv.	»	»	»	0.05	0.20	»	»	»	»	1 gr.
Belladone alcoolature	»	»	»	»	0.15	0.25	»	»	»	
— extrait alcool	»	»	»	»	8.10	»	»	»	»	
— extrait aqueux	»	»	»	»	0.10	»	»	»	»	
— teinture.................	»	»	»	»	»	0.10	»	»	»	10 gr.
Beurre de cacao	»	»	»	»	»	0.10	0.15	»	»	10 gr.
Bismuth salicylate	»	»	»	»	0.15	0.75	»	»	»	5 gr.
— sous-nitrate	»	»	»	»	0.05	0.25	0.50	»	»	15 gr.
Bougie en gomme	la pièce 0.75	»	»	»	»	»	»	»	»	1 bougie
Bourgeons de sapin	»	»	»	»	»	»	0.15	»	»	30 gr.
Bourrache (fleurs)	»	»	»	»	»	»	0.20	»	»	50 gr.
Busserole (uva ursi)	»	»	»	»	»	»	0.20	»	»	30 gr.
C										
Cachets (façon)	l'un 0 03	»	»	»	»	»	»	»	»	20 cachets.
Cachou pulv.	»	»	»	»	0.10	0.15	»	»	»	10 gr.
— teinture	»	»	»	»	0.10	0.20	»	»	»	5 gr.
Caféine et ses sels	»	»	»	»	0.40	1.25	»	»	»	10 gr.
Calcium bromure..............	»	»	»	»	0.25	0.50	1 »	»	»	10 gr.
— chlorure	»	»	»	»	»	0.25	»	»	»	10 gr.
— iodure	»	»	»	0.15	0.50	0.75	»	»	»	5 gr.
— sulfure	»	»	»	»	0.20	»	»	»	»	
Calomel (Voir Mercure)........	»	0.05	»	0.05	0.20	»	1 »	»	»	10 gr.
Camomille (fleurs)............	»	»	»	»	»	0.10	0.20	»	»	30 gr.
Camphre entier ou pulv.	»	»	»	»	»	0.10	0.25	»	»	10 gr.
— (bromure de)	»	»	»	0.20	0.75	»	»	»	»	5 gr.
Canne de Provence............	»	»	»	»	»	»	0.15	0.50	»	50 gr.
Cannelle pulv.	»	»	»	»	0.10	0.20	»	»	»	10 gr.
— teinture.	»	»	»	»	0.10	0.20	0.40	»	»	30 gr.
Canules en gomme (droites)	la pièce 0.40	»	»	»	»	»	»	»	»	une
— en verre (courbes) pour injections vaginales.......	la pièce 0 25	»	»	»	»	»	»	»	»	une
Capillaire.	»	»	»	»	»	»	»	»	»	30 gr.
Capsules de copahu	l'une 0.02	»	»	»	»	»	»	»	»	n° 50.
— d'huile de foie de morue créosot.	l'une 0.02	»	»	»	»	»	»	»	»	n° 50.
— de goudron...............	l'une 0.02	»	»	»	»	»	»	»	»	n° 50.
— d'éther	l'une 0.03	»	»	»	»	»	»	»	»	n° 20.

NOMENCLATURE	QUANTITÉS diverses	0.10	0.50	1 »	5 »	10 »	30 »	100	500	Maximum
Capsules d'essence de Santal	l'une 0.05	»	»	»	»	»	»	»	»	n° 30,
Cascara pulv.	»	»	»	0.05	0.25	»	»	»	»	5 gr.
Castoreum pulv.	»	»	»	0.30	1.25	»	»	»	»	3 gr.
— teinture	»	»	»	0.10	0.40	»	»	»	»	5 gr.
Caustique de Canquoin	»	»	»	»	0.25	»	»	»	»	5 gr.
— de Vienne	»	»	»	0.10	0.50	»	»	»	»	5 gr.
Centaurée	»	»	»	»	»	»	0.15	»	»	30 gr.
Cérat	»	»	»	»	»	»	0.20	»	»	30 gr.
Cerises (pieds)	»	»	»	»	»	»	0.20	»	»	30 gr.
Charbon de peuplier pulv.	»	»	»	»	0.10	0.15	0.30	»	»	30 gr.
Chaux, carbonate (craie préparée).	»	»	»	»	0.05	0.20	0.30	»	»	20 gr.
— chlorhydro-phosphate	»	»	»	»	0.15	0.30	»	»	»	15 gr.
— chlorure de chaux [hypochlorite]	»	»	»	»	»	»	»	0.15	0.40	500 gr.
— lactophosphate	»	»	»	0.10	0.40	0.80	»	»	»	15 gr.
— phosphate acide crist. [bi-phosph.]	»	»	»	»	»	0.20	0.60	»	»	15 gr.
— bibasique pulv.	»	»	»	»	»	0.15	0.40	»	»	15 gr.
— tribasique pulv.	»	»	»	»	»	»	0.30	»	»	30 gr.
Chêne, écorce pulv. (Tan)	»	»	»	»	»	»	0.10	0.20	»	100 gr.
Chicorée sauvage (feuilles)	»	»	»	»	»	0.05	0.15	»	»	30 gr.
Chiendent coupé	»	»	»	»	»	»	0.10	»	»	30 gr.
Chloral hydraté	»	»	»	»	0.25	0.50	1	»	»	10 gr.
— sirop	»	»	»	»	»	»	0.30	1 »	»	50 gr.
— camphré	»	»	»	»	0.25	0.50	»	»	»	10 gr.
Chloroforme anesthésique	»	»	»	»	»	»	1 »	»	»	60 gr.
— ordinaire pour liniment ...	»	»	»	»	0.15	0.20	0.50	»	»	15 gr.
Cigarettes	l'une 0.05	»	»	»	»	»	»	»	»	
Ciguë (feuilles)	»	»	»	»	»	»	0.20	»	»	30 gr.
Cinchonidine et ses sels	»	»	»	0.50	2 »	»	»	»	»	5 gr.
Cinchonine et ses sels	»	»	»	0.40	1.50	»	»	»	»	5 gr.
Cire blanche	»	»	»	»	»	»	0.30	»	»	30 gr.
Citron	l'un 0.20	»	»	»	»	»	»	»	»	2 gr.
Coca (feuilles)	»	»	»	»	»	0.20	0.60	»	»	10 gr.
— (teinture)	»	»	»	»	0.10	0.20	0.50	»	»	30 gr.
Cocaïne et ses sels	»	0.40	»	2.50	»	»	»	»	»	0g 25
Codéine	»	0.40	»	»	»	»	»	»	»	0g 25
— sirop	»	»	»	»	»	»	0.20	0.60	»	100 gr.
Colchicine	5 cent. 0.40	0.75	»	5 »	»	»	»	»	»	
Colchique (semences)	»	»	»	»	0.20	»	»	»	»	
— (extrait)	»	»	»	0.40	1.50	»	»	»	»	
— (teinture)	»	»	»	»	0.10	0.20	»	»	»	10 gr.
Collodion	»	»	»	»	»	0.20	«	»	»	10 gr.
Colombo pulv.	»	»	»	»	»	0.20	»	»	»	15 gr.
Coloquinte pulv.	»	»	»	0.05	0.25	»	»	»	»	2 gr.
— (extrait)	»	»	»	0.40	»	»	»	»	»	2 gr.
Consoude	»	»	»	»	»	»	0.15	»	»	30 gr.
Convallaria maïalis (muguet)	»	»	»	»	»	»	0.60	»	»	30 gr.
Convallamarine	»	0.75	»	»	»	»	»	»	»	10 centigr.
Copahu (baume)	»	»	»	»	»	0.15	0.40	»	»	30 gr.
— capsules	l'une 0.02	»	»	»	»	»	»	»	»	50 caps.
Coton cardé	la pièce 0.15	»	»	»	»	»	»	»	»	4 feuilles.
— hydrophile	125 gr. 0.80	»	»	»	»	»	»	»	»	125 gr.
— iodé	»	»	»	»	0.40	0.60	»	»	»	10 gr.
Courges sem.-mondées	la dose 1.50	»	»	»	»	0.60	»	»	»	60 gr.
Crème de tartre pulv.	v. Potasse.	»	»							
— — soluble		»	»							
Créosote de hêtre	»	»	»	0.10	0.50	0.75	»	»	»	10 gr.
Crézyl (créoline ou crézyline)....	»	»	»	»	»	»	»	0.75	»	100 gr.
— Cubèbe pulv.	»	»	»	»	0.15	0.25	0.75	»	»	30 gr.
— (extrait éthéré)	»	»	»	0.40	1.50	»	»	»	»	5 gr.
Cuivre (sulfate pur)	»	»	»	0.05	0.25	»	»	»	»	2 gr.
— (sulfate du commerce)	»	»	»	»	»	»	»	0.15	0.50	500 gr.

NOMENCLATURE	QUANTITÉS diverses	0.10	0.50	1 »	5 »	10 »	30 »	100	500	Maximum
Cuivre sulfate (crayons)	»	»	»	0.10	0.50	»	»	»	»	n° 1.
— (liqueur de Féelhing)......	»	»	»	»	»	»	0.60	»	»	30 gr.

D

NOMENCLATURE	QUANTITÉS diverses	0.10	0.50	1 »	5 »	10 »	30 »	100	500	Maximum
Datura stramonium (feuilles).....	»	»	»	»	»	»	0.20	»	»	30 gr.
— pulv.....................	»	»	»	0.05	»	»	»	»	»	10 gr

Décoction ....
Préparation jusqu'à 250 gr. 0,30, 300 gr. 0,40, le litre 0,70
Les substances se comptent en plus

Déplacement.
Prix de la décoction.

NOMENCLATURE	QUANTITÉS diverses	0.10	0.50	1 »	5 »	10 »	30 »	100	500	Maximum
Diachylon (emplâtre)............	»	»	»	»	»	0.10	»	»	»	15 gr.
— (Sparadrap)...............	le décim. 0.10 le rouleau 0.60	»	»	»	»	»	»	»	»	1/2 mètre.
Diascordium (électuaire).........	»	»	»	»	»	0.30	»	»	»	15 gr.
— (poudre)	»	»	»	»	0.25	»	»	»	»	5 gr.
Digitale (feuilles choisies).......	»	»	»	»	0.25	»	»	»	»	5 gr.
— pulv.....................	»	»	»	0.10	»	»	»	»	»	5 gr.
— sirop....................	»	»	»	»	»	»	0.20	0.60	»	100 gr.
— teinture.................	»	»	»	»	»	0.20	»	»	»	10 gr.
— teinture éthérée..........	»	»	»	»	0.20	»	»	»	»	5 gr.
Digitaline cristall	le cent. 0.50	»	»	»	»	»	»	»	»	
Douce-amère	»	»	»	»	»	»	0.10	»	»	30 gr.

E

NOMENCLATURE	QUANTITÉS diverses	0.10	0.50	1 »	5 »	10 »	30 »	100	500	Maximum
Eau albumineuse...............	litre 0.60	»	»	»	»	»	»	»	»	1 litre.
— blanche.................	litre 0.50	»	»	»	»	»	»	»	»	250 gr.
— chaux officinale..........	litre 0.50	»	»	»	»	»	»	»	»	250 gr.
— chloroformée (saturée)....	»	»	»	»	»	»	»	0.30	1 »	250 gr.
— distillée.................	litre 0.30	»	»	»	»	»	»	»	»	1 litre.
— distillée arom. en général..	»	»	»	»	»	»	0.15	0.40	»	100 gr.
— gommeuse 2/30...........	»	»	»	»	»	»	»	0.20	»	100 gr.
— laurier-cerise.............	»	»	»	»	»	0.10	0.20	»	»	30 gr.
— de mélisse alcoolique......	»	»	»	»	»	0.15	0.40	»	»	30 gr.
— de Pagliari...............	litre 1.50	»	»	»	»	»	»	0.25	0.75	500 gr.
— phéniquée à 2,50 %.......	litre 1 »	»	»	»	»	»	»	0.20	0.60	1/2 litre.
— phéniquée à 5 %.........	litre 1.50	»	»	»	»	»	»	0.25	0.75	1/2 litre.
— de Rabel (acide sulf. alc.)..	»	»	»	»	»	0.20	»	»	»	15 gr.
— sédative.................	litre 0.60	»	»	»	»	»	»	0.10	»	250 gr.
— de sedlitz................	la b^le 0.15	»	»	»	»	»	»	»	»	n° 1.
— de-vie allemande (teinture de jalap composée)......	»	»	»	»	»	»	0.30	»	»	30 gr.
— de-vie camphrée..........	litre 2.50	»	»	»	»	»	»	0.30	»	200 gr.
Élixir parégorique...............	»	»	»	»	»	»	0.20	0.50	»	15 gr.
Émétique porphyrisé............	5 cent. 0.05	»	0.20	»	»	»	»	»	»	
Emplâtre de Canet, de Ciguë, de Diachylum, de Vigo.	»	»	»	»	»	»	0.30	»	»	
— avec extraits (opium excepté)	»	»	»	»	»	0.75	2 »	»	»	
— vésicatoire sur toile										

Mesurez le nombre de centimètres en longueur et en largeur; additionnez et multipliez :

NOMENCLATURE	QUANTITÉS diverses	0.10	0.50	1 »	5 »	10 »	30 »	100	500	Maximum
1° Par deux centimes jusqu'à vingt centimètres; 2° Par trois centimes, de vingt à trente-cinq centimètres; 3° Par quatre centimes pour les dimensions supérieures. Sur peau, comptez un quart en sus.										
Emplâtres de Vigo, etc , sur toile.										
Mesurez comme le vésicatoire, et, quel que soit le nombre decentimètres, comptez quatre centimes le centimètre										
Emplâtres de Tapsia et de poix de Bourgogne.										
Mesurez comme le vésicatoire , et, quel que soit le nombre decentimètres, comptez deux centimes le centimètre.										
Emulsion........préparation 0,50										
Ergotine......................	»	»	»	0.15	0.75	»	»	»	»	.5 gr.
— (solution Yvon)........	»	»	»	0.20	1 »	»	»	»	»	5 gr.
Ergot de seigle pulv.............	»	»	»	0.10	0.50	»	»	»	»	5 gr.
— (extrait)...................	»	»	»	0.15	0.75	»	. »	»	»	5 gr.
Esérine et ses sels..............	le cent. 0.20	1 »	4 »	»	»	»	»	»	»	
Essence d'anis...................	»	»	»	»	0.50	»	»	»	»	3 gr.
— d'aspic.................	»	»	»	»	»	0.15	»	»	»	10 gr.
— de citron...............	»	»	»	0.10	»	»	»	»	»	3 gr.
— de térébenthine.........	»	»	»	»	»	»	0.10	0.30	»	200 gr.
— — (capsules).	l'une 0.02	»	»	»	»	»	»	»	»	50 caps.
Ether acétique..............	»	»	»	»	0.10	»	»	»	»	5 gr.
— sulfurique..............	»	»	»	»	0.10	0.15	0.40	»	»	30 gr.
— (capsules)...............	l'une 0.03	»	»	»	»	»	»	»	»	20 caps.
— (sirop).................	»	»	»	»	»	»	0.20	0.50	»	100 gr.
Eucalyptol (essence d'eucalyptus).	»	»	»	»	0.15	»	»	»	»	5 gr.
Eucalyptus (feuilles).............	»	»	»	»	»	»	0.10	0.25	»	100 gr.
— (teinture)...........	»	»	»	»	0.10	»	0.30	»	»	30 gr.
Evonymine.....................	»	»	»	0.75	»	»	»	»	»	1 gr.
Exalgine......................	»	»	»	0.40	1.50	»	»	»	»	3 gr.
Extraits (Voir la substance)......										
Extrait de saturne..............	»	»	»	»	»	»	0.10	»	»	30 gr.
(Voir sous-acétate de plomb).										

F

NOMENCLATURE	QUANTITÉS diverses	0.10	0.50	1 »	5 »	10 »	30 »	100	500	Maximum
Farine de lin....................	»	»	»	»	»	»	0.10	0.40	500 gr.	
— de moutarde.............	»	»	»	»	»	»	0.15	0.75	200 gr.	
— de riz...................	»	»	»	»	»	»	0.15	»	100 gr.	
Fécule de pommes de terre......	»	»	»	»	»	»	0.15	»	100 gr.	
Fer (limaille porphyrisée)	»	»	»	»	»	0.20	»	»	10 gr.	
Fer arséniate...................	jusq 1 g. 0.25	»	»	»	»	»	»	»	»	
— chlorure (proto-)..........	»	»	»	»	0.25	»	»	»	»	
— chlorure (per-liquide).....	»	»	»	»	»	»	0.30	»	»	30 gr.
— citrate..................	»	»	»	»	»	0.25	»	»	»	10 gr.
— citrate ammoniacal........	»	»	»	»	»	0.25	»	»	»	100 gr.
— iodure....................	»	»	»	0.20	0.75	»	»	»	»	
— lactate..................	»	»	»	0.10	0.40	0.75	»	»	»	50 gr.
— phosphate...............	»	»	»	»	»	0.30	»	»	»	10 gr.

NOMENCLATURE	QUANTITÉS diverses	0.10	0.50	1 »	5 »	10 »	30 »	100	500	Maximum
Fer réduit	»	»	»	»	»	0.25	»	»	»	10 gr.
— sous-carbonate	»	»	»	»	»	0.15	»	»	»	10 gr.
— sulfate pur	»	»	»	»	»	0.10	0.20	»	»	10 gr.
— sulfate du commerce	»	»	»	»	»	»	»	0.10	0.15	50 gr.
— tartrate en paillettes	»	»	»	»	»	0.25	»	»	»	10 gr.
— teinture de mars tartarisée	»	»	»	»	0.10	0.20	»	»	»	10 gr.
Fève de Saint-Ignace pulv	»	»	»	0.10	»	»	»	»	»	
Fleurs pectorales	»	»	»	»	»	»	0.20	»	»	30 gr.
Fougère mâle	»	»	»	»	»	»	0.15	»	»	30 gr.
— (extrait éthéré)	»	»	»	0.30	»	»	»	»	»	
Fucus crispus	»	»	»	»	»	»	0.15	»	»	30 gr.

G

NOMENCLATURE	QUANTITÉS diverses	0.10	0.50	1 »	5 »	10 »	30 »	100	500	Maximum
Gaïacol	prépᵒⁿ 0.20	»	»	0.15	0.75	»	»	»	»	5 gr.
Gargarisme	le paq. 0.05	»	»	»	»	»	»	»	»	N° 1.
Garou	le paq. 0.05	»	»	»	»	»	»	»	»	N° 1.
Gaze iodoformée	le mètre 2.25	»	»	»	»	»	»	»	»	1 mètre.
— salolée	le mètre 1 »	»	»	»	»	»	»	»	»	1 mètre.
Gentiane coupée	»	»	»	»	»	»	0.15	»	»	30 gr.
— pulv	»	»	»	»	»	»	0.30	»	»	30 gr.
— teinture	»	»	»	»	»	»	0.20	0.60	»	100 gr.
— vin	»	»	»	»	»	»	»	»	1 »	250 gr.
Gingembre pulv	»	»	»	»	0.10	»	»	»	»	5 gr.
Glace	le kilo 0.60	»	»	»	»	»	»	»	»	1 kil.
Glycéré d'amidon	»	»	»	»	»	»	0.30	»	»	30 gr.
Glycérine ordinaire	»	»	»	»	»	»	0.10	0.30	»	50 gr.
— pure	»	»	»	»	»	»	0.20	0.60	»	30 gr.
Gomme ammoniac, pulv	»	»	»	0.05	0.25	»	»	»	»	
— arabique pour tisane	»	»	»	»	»	»	0.15	»	»	30 gr.
— — pulv	»	»	»	»	»	»	0.25	»	»	30 gr.
Goudron purifié	»	»	»	»	»	»	»	0.15	»	100 gr.
— (capsules de)	l'une 0.02	»	»	»	»	»	»	»	»	N° 50
Gouttes amères de Baumé	»	»	»	»	0.25	»	»	»	»	5 gr.
— noires anglaises	»	»	»	0.15	»	»	»	»	»	1 gr.
Graine de lin mondée	»	»	»	»	»	»	»	0.10	»	100 gr.
— de moutarde blanche	»	»	»	»	»	»	»	0.20	»	100 gr.
Granules, façon d'une masse de division par granule	le cent 2 »	»	»	»	»	»	»	»	»	
Granules de dioscorides	le cent 2 »	»	»	»	»	»	»	»	»	50 gr.
Grenades (écorce)	»	»	»	»	»	»	0.20	»	»	30 gr.
Grenadier (écorce de racines)	»	»	»	»	»	»	0.40	1.25	»	100 gr.
Gruau	»	»	»	»	»	»	»	0.15	»	100 gr.
Guimauve (feuilles)	»	»	»	»	»	»	0.05	0.15	»	50 gr.
Guimauve (fleurs)	»	»	»	»	»	»	0.20	»	»	30 gr.
Guimauve (racines)	»	»	»	»	»	»	0.10	0.30	»	30 gr.
Guimauve pulv	»	»	»	»	»	»	0.20	»	»	30 gr.

H

NOMENCLATURE	QUANTITÉS diverses	0.10	0.50	1 »	5 »	10 »	30 »	100	500	Maximum
Houblon	»	»	»	»	»	»	0.15	»	»	30 gr.
Huile d'amandes douces	»	»	»	»	»	»	0.20	»	»	30 gr.
— de cade vraie	»	»	»	»	»	»	0.20	0.60	»	50 gr.
— de camomille	»	»	»	»	»	»	0.20	»	»	30 gr.
— camphrée	»	»	»	»	»	»	0.20	0.60	»	50 gr.
— de croton	»	»	0.1⁵	»	»	»	»	»	»	2 gr.
Huile de foie de morue blonde	le litre 2 »	»	»	»	»	»	»	»	1 »	1/2 litre.
— — créozotée à 1 %	litre 2.80	»	»	»	»	»	»	0.30	1.40	1/2 litre.
— — capsules	l'une 0.02	»	»	»	»	»	»	»	»	50 caps.

NOMENCLATURE	QUANTITÉS diverses	0.10	0.50	1 »	5 »	10 »	30 »	100	500	Maximum
Huile de jusquiame............	»	»	»	»	»	»	0.20	0.60	»	50 gr.
— d'olives..................	»	»	»	»	»	»	0.15	0.40	»	50 gr.
— phosphorée..............	»	»	»	0.05	»	»	»	»	»	10 gr.
— de ricin................	»	»	»	»	»	»	0.15	0.50	»	50 gr.
Hyoscyamine amorphe..........	le cent 0.20	»	»	»	»	»	»	»	»	»
— crist.....................	le cent 0.50	»	»	»	»	»	»	»	»	»
Hysope mondée................	»	»	»	»	»	»	0.20	»	»	30 gr.
I										
Ichtiol......................	»	»	»	0.25	1 »	»	»	»	»	5 gr.
Infusion.....................										
Préparation jusqu'à 250 gr. 0,30 ; le litre, 0,70. Les substances se comptent en plus.										
Iode.........................	»	»	»	0.15	»	»	»	»	»	2 gr.
— teinture................	»	»	»	»	»	0.20	0.60	»	»	20 gr.
Iodoforme pulv...............	»	»	»	»	0.75	1.50	»	»	»	5 gr.
Iodure d'éthyle..............	»	»	»	0.20	»	»	»	»	»	2 gr.
Ipéca pulv...................	»	»	»	0.10	»	»	»	»	»	5 gr.
— (extrait)...............	»	»	»	0.40	»	»	»	»	»	»
— (sirop).................	»	»	»	»	»	»	0.20	0.60	»	50 gr.
Iris pulv....................	»	»	»	»	»	»	0.20	»	»	30 gr.
J										
Jaborandi....................	»	»	»	»	»	0.30	0.75	»	»	15 gr.
Jalap pulv...................	»	»	»	»	0.25	»	»	»	»	5 gr.
— teinture composée (eau-de-vie allemande)......	»	»	»	»	»	»	0.30	»	»	30 gr.
Juleps. (Prix des potions)........										
Jusquiame (feuilles).............	»	»	»	»	»	»	0.25	»	»	30 gr.
— pulv...................	»	»	»	0.10	»	»	»	»	»	5 gr.
K										
Kermès minéral...............	»	0.10	0.20	0.30	»	»	»	»	»	
Kola (noix conc. ou pulv.).......	»	»	»	»	»	»	0.60	»	»	30 gr.
— (extrait).,............	»	»	»	0.25	1 »	»	»	»	»	5 gr.
— (teinture).................	»	»	»	»	»	0.20	0.40	»	»	60 gr.
Kousso.......................	dose de 20gr. 1 fr.	»	»	»	»	»	»	»	»	20 gr.
L										
Lanoline.....................	»	»	»	»	»	0.20	0.60	»	»	15 gr.
Laudanum de Rousseau..........	»	»	»	0.05	0.25	0.50	»	»	»	5 gr.
— de Sydenham.............	»	»	»	0.05	0.25	0.50	»	»	»	10 gr.
Laurier cerise (V. eau distillée de).	»	»	»	»	»	»	0.20	»	»	30 gr.
Lavement...... Préparation 0,20	»	»	»	»	»	»	»	»	»	
Lichen d'Islande..............	»	»	»	»	»	»	0.15	»	»	30 gr.
Limaille de fer porphyrisée......	»	»	»	»	0.10	»	0.30	»	»	15 gr.
Limonade nitrique	litre 0.30	»	»	»	»	»	»	»	»	1 litre.
— sulfurique..............	litre 0.30	»	»	»	»	»	»	»	»	1 litre.
— tartrique...............	litre 0.30	»	»	»	»	»	»	»	»	1 litre.
Liniment oléo-calcaire..........	»	»	»	»	»	»	0.15	0.50	»	100 gr.
— de Rosen................	»	»	»	»	»	»	0.60	1.50	»	50 gr.
— volatil.................	»	»	»	»	»	»	0.15	0.50	»	100 gr.
— camphré............	»	»	»	»	»	»	0.15	0.50	»	100 gr.

NOMENCLATURE	QUANTITÉS diverses	0.10	0.50	1 »	5 »	10 »	30 »	100	500	Maximum
Liqueur ars. de Boudin..........	»	»	»	»	»	»	»	1.25	»	100 gr.
— de Fehling	»	»	»	»	»	»	0.60	»	»	30 gr.
— ars. de Fowler............	»	»	»	»	0.15	0.25	»	»	»	10 gr.
— ars. de Pearson...........	»	»	»	»	»	»	0.40	»	»	30 gr.
— d'Offmann...............	»	»	»	»	»	»	0.30	»	»	30 gr.
— de Van Swieten.......	litre 1 »	»	»	»	»	»	»	0.20	0.75	1 litre.
Lithine (benzoate de)............	»	»	»	0.15	»	1 »	»	»	»	10 gr.
— (carbonate)............	»	»	»	0.15	»	1 »	»	»	»	10 gr.
— (citrate)...............	»	»	»	0.15	»	1 »	»	»	»	10 gr.
— (iodure)...............	»	»	»	0.25	1 »	»	»	»	»	5 gr.
— (salicylate)...........	»	»	»	0.25	1 »	»	»	»	»	5 gr.
Lobélie.........................	»	»	»	»	»	»	0.30	»	»	30 gr.
— (teinture)................	»	»	»	0.05	0.10	0.20	»	»	»	10 gr.
Lycopode.......................	»	»	»	»	»	0.10	0.25	»	»	30 gr.

M

NOMENCLATURE	QUANTITÉS diverses	0.10	0.50	1 »	5 »	10 »	30 »	100	500	Maximum
Macération, jusqu'à 250 gr. 0,30..	(V.page 41).	»	»	»	»	»	»	»	»	
Magnésie calcinée...............	»	»	»	»	0.10	0.15	0.50	»	»	15 gr.
— carbonate................	»	»	»	»	»	0.10	0.30	»	»	30 gr.
— citrate efferv...........	»	»	»	»	»	»	0.40	»	»	60 gr.
— sulfate................	»	»	»	»	»	»	0.10	»	»	60 gr.
Manganèse (carbonate)..........	»	»	»	»	»	0.20	»	»	»	10 gr.
— (sulfate).............	»	»	»	»	»	0.20	»	»	»	10 gr.
Maïs (stigmates)..............	»	»	»	»	»	»	0.20	»	»	30 gr.
Manne en sorte...............	»	»	»	»	»	»	0.20	»	»	60 gr.
Masse de cynoglosse............	»	»	»	0.10	»	»	»	»	»	
Mauve (feuilles)...............	»	»	»	»	»	»	0.10	0.30	»	50 gr.
— (fleurs)..................	»	»	»	»	»	»	0.10	0.25	»	30 gr.
Mélilot.........................	»	»	»	»	»	»	0.15	»	»	30 gr.
Mélisse.......................	»	»	»	»	»	»	0.15	»	»	30 gr.
Menthe poivrée.................	»	»	»	»	»	»	0.15	»	»	30 gr.
Mercure, azotate acide..........	»	»	»	»	»	0.20	»	»	»	10 gr.
— chloro-iodure..........	»	»	»	0.20	»	»	»	»	»	2 gr.
— proto-chlorure (calomel)...	»	»	»	0.05	0.20	»	»	»	»	5 gr.
— bi-chlorure..............	»	»	»	0.10	»	0.50	»	»	»	10 gr.
— proto-iodure............	»	»	»	0.30	»	»	»	»	»	5 gr.
— bi-iodure...............	»	»	»	0.30	»	»	»	»	»	5 gr.
— oxyde rouge	»	»	0.10	0.15	»	»	»	»	»	5 gr.
— — jaune.............	»	»	0.10	0.15	»	»	»	»	»	
— peptonate...............	»	0.20	0.50	»	»	»	»	»	»	
— salycilate..............	»	»	0.25	0.40	»	»	»	»	»	
— sous-sulfate (turbith min.).	»	»	»	0.20	»	»	»	»	»	
— sulfure.................	»	»	»	0.15	»	»	»	»	»	
Miel rosat	»	»	»	»	»	»	0.20	»	»	30 gr.
Morphine et ses sels............	»	0.20	0.50	1 »	»	»	»	»	»	0.20 cent.
Mouche de Milan................	l'une 0.15	»	»	»	»	»	»	»	»	2 mouches
Mousse de Corse...............	»	»	»	»	»	»	0.15	»	»	30 gr.
Moutarde blanche...............	»	»	»	»	»	»	0.10	0.25	»	200 gr.
Muguet (couvallaria maïalis).....	plante entière.	»	»	»	»	»	0.50	»	»	30 gr.
Myrrhe en poudre..............	»	»	»	0.15	0.50	»	»	»	»	5 gr.
Musc (teinture de).............	»	»	0.40	0.75	»	»	»	»	»	2 gr.

N

NOMENCLATURE	QUANTITÉS diverses	0.10	0.50	1 »	5 »	10 »	30 »	100	500	Maximum
Naphtol.......................	»	»	»	0.05	»	0.50	»	»	»	10 gr.
— benzoate (benzo-naphtol)..	»	»	»	0.10	»	1 »	»	»	»	10 gr.
Noix de Galles pulv.............	»	»	»	»	»	»	0.30	»	»	30 gr.
— vomique pulv..........	»	»	»	0.10	»	»	»	»	»	

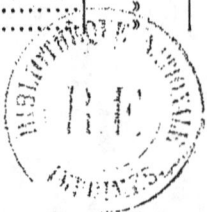

NOMENCLATURE	QUANTITÉS diverses	0.10	0.50	1 »	5 »	10 »	30 »	100	500	Maximum
Noix vomique (teinture)..........	»	»	»	»	0.15	»	»	»	»	10 gr.
Noyer (feuilles).................	»	»	»	»	»	»	0.10	»	»	30 gr.
O										
Onguent Canet.................	»	»	»	»	»	»	0.30	»	»	30 gr.
— citrin.....................	»	»	»	»	»	»	0.20	0.60	»	100 gr.
— épispastique..............	»	»	»	»	»	0.15	»	»	»	10 gr.
— de la Mère..............	»	»	»	»	»	»	0.20	»	»	15 gr.
— mercuriel double.........	»	»	»	»	»	0.15	0.40	»	»	30 gr.
— — simple..........	»	»	»	»	»	0.10	0.20	»	»	30 gr.
— populeum...............	»	»	»	»	»	0.10	0.20	»	»	30 gr.
— vésicatoire..............	»	»	»	»	»	0.15	0.40	»	»	15 gr.
Opiat (V. p. 41) préparation 0,20.	»	»	»	»	»	»	»	»	»	
Opium brut pulv..............	»	0.10	»	0.20	»	»	»	»	»	
— (extrait).................	»	0.10	0.15	0.25	1 »	»	»	»	»	1 gr.
— (sirop)..................	»	»	»	»	»	»	0.20	0.60	»	100 gr.
— (teinture)...............	»	»	»	»	0.25	»	»	»	»	5 gr.
Orange amère (écorce).........	»	»	»	»	»	»	0.20	»	»	30 gr.
Oranger (feuilles).............	»	»	»	»	»	»	0.10	»	»	30 gr.
Orge mondé..................	»	»	»	»	»	»	»	0.10	»	100 gr.
Ortie blanche (fleurs)..........	»	»	»	»	»	0.10	»	»	»	15 gr.
Ouate......................	la pièce 0.15	»	»	»	»	»	»	»	»	3 pièces.
Oxymel scillitique.............	»	»	»	»	»	»	0.20	»	»	30 gr.
P										
Pains azymes.................	4 feuill. 0.05	»	»	»	»	»	»	»	»	8 feuilles
Pancréatine amylacée..........	»	»	»	0.20	1 »	1.50	»	»	»	5 gr.
Papier soie..................	3 feuill. 0.05	»	»	»	»	»	»	»	»	6 feuilles
— nitré 18/30.............	la feuill.0.10	»	»	»	»	»	»	»	»	2 feuilles
— sinapisme..............	la feuill.0.15	»	»	»	»	»	»	»	»	4 feuilles
Paquets (division) (V. p. 41).....	le paq. 0.02	»	»	»	»	»	»	»	»	
Pariétaire...................	»	»	»	»	»	»	0.15	»	»	30 gr.
Pastilles de calomel...........	4 past. 0.05	»	»	»	»	»	»	»	»	12 pastilles.
— de chlorate de potasse.....	»	»	»	»	»	»	0.15	»	»	30 gr.
— de santonine.............	4 past. 0.05	»	»	»	»	»	»	»	»	12 pastilles.
— de soufre...............	»	»	»	»	»	»	0.20	»	»	30 gr.
Pavots......................	l'un 0.05	»	»	»	»	»	»	»	»	2 pavots
Pelletiérine (tannate)..........	»	0.60	»	»	»	»	»	»	»	0 g. 30
Pensées sauvages (fleurs).......	»	»	»	»	»	»	0.20	»	»	30 gr.
Pepsine amylacée.............	»	»	»	0.10	»	»	»	»	»	10 gr.
— extractive...............	»	»	0.20	0.30	1.25	»	»	»	»	5 gr.
Peptone liquide..............	»	»	»	»	»	»	0.75	»	»	30 gr.
Pessaires en gomme...........	la pièce 0.75	»	»	»	»	»	»	»	»	1 pessaire
Pierre divine	»	»	»	0.05	»	»	»	»	»	3 gr.
Pilocarpine et ses sels.........	le cent. 0.10	0.60	»	»	»	»	»	»	»	0 g. 30
Pilules (façon et division)(V. p. 41)										

Jusqu'à 20, la pil. 0,02; au-dessus 0,01.
Ex. : 20 pil., 0,40; 30 pil., 0,50; 40 pil.,
0,60; 50 pil., 0,70; 100 pil., 1,20.

NOMENCLATURE	QUANTITÉS diverses	0.10	0.50	1 »	5 »	10 »	30 »	100	500	Maximum
Pilules d'Anderson............	la pilule0.03	»	»	»	»	»	»	»	»	10 pilules
— de Cynoglosse de 5 à 20 centig.	la pil. 0.03	»	»	»	»	»	»	»	»	20 pilules
— iodure de fer (Blancard)....	la pil.0.025	»	»	»	»	»	»	»	»	50 pilules
— carbonate de fer (Vallet)...	la pil. 0.02	»	»	»	»	»	»	»	»	50 pilules
— Méglin...................	la pil. 0.03	»	»	»	»	»	»	»	»	20 pilules
— opium (extrait de 1 à 8 centig.)	20 pil. 0.50	»	»	»	»	»	»	»	»	20 pilules
— perchlorure de fer........	la pil. 0.02	»	»	»	»	»	»	»	»	50 pilules

NOMENCLATURE	QUANTITÉS diverses	0.10	0.50	1 »	5 »	10 »	30 »	100	500	Maximum
Pilules de térébenthine.........	la pil. 0.02	»	»	»	»	»	»	»	»	50 pilules
Pinceau......................	»	»	»	»	»	»	»	»	»	1 pinceau
Plomb (sous-acétate liquide)......	»	»	»	»	»	»	0.10	0.25	»	50 gr.
— (acétate crist.)...........	»	»	»	»	»	0.10	»	»	»	10 gr.
— (carbonate)..............	»	»	»	»	0.10	»	»	»	»	10 gr.
— (iodure).................	»	»	»	0.10	»	»	»	»	»	5 gr.
Podophyllin.................	»	0.10	0.20	0.30	»	»	»	»	»	1 gr.
Poivre cubèbe pulv............	»	»	»	»	»	»	0.75	»	»	30 gr.
Polygala de Virginie..........	»	»	»	0.10	0.15	0.25	»	»	»	5 gr.
Pommade (V. page 41).........	prépᵒⁿ 0.20	»	»	»	»	»	0.40	0.75	»	30 gr.
— d'Autenrieth..........	»	»	»	»	»	»	0.15	0.20	»	30 gr.
— camphrée............	»	»	»	»	»	0.10	0.15	»	»	10 gr.
— épispastique..........	»	»	»	»	0.10	0.15	»	»	»	
Potasse caustique............	la past. 0.10	»	»	»	0.10	»	»	»	»	15 gr.
— acétate................	»	»	»	»	»	0.10	0.15	»	»	10 gr.
— azotate................	»	»	»	»	»	0.20	0.50	»	»	30 gr.
— bromure de potassium.....	»	»	»	0.05	0.15	0.10	0.15	»	»	10 gr.
— carbonate..............	»	»	»	0.05	»	0.20	»	»	»	
— bi-carbonate...........	»	»	»	»	0.25	0.50	1.50	»	»	15 gr.
— iodure de potassium......	»	»	»	»	»	»	»	0.25	1 »	500 gr.
— silicate (solution de)......	kilo. 1.50	»	»	»	0.10	0.15	0.30	»	»	10 gr.
— sulfate................	»	»	»	»	»	0.10	0.20	»	»	100 gr.
— tri-sulfure de potasse en plaque	»	»	»	»	»	»	0.10	0.20	»	250 gr.
— — — liquide......	250 gr. 0.25	»	»	»	»	0.15	0.40	»	»	30 gr.
— tartrates (acide et neutre)..	»	»	»	»	»	»	»	»	»	
— tartrate et de soude (sel de Seignette)..............	»	»	»	»	»	»	0.30	»	»	30 gr.
Potion (V. p 42).............	0.80	»	»	»	»	»	»	»	»	
— de Rivière en 2 fioles......	100 gr. 0.60	»	»	»	»	»	»	»	»	
— ou julep gommeux..........	1 »	»	»	»	»	»	»	»	»	
— de Tood.................	(V. page 41)	»	»	»	»	»	»	»	»	
Poudres composées. (prépᵒⁿ 0,20).	»	»	»	0.15	0.50	»	»	»	»	5 gr.
— de Dower................	»	»	»	»	0.50	»	»	»	»	5 gr.
Poudre de Vienne.............	»	»	»	»	»	»	0.15	»	»	30 gr.
Pulmonaire..................	»	»	»	»	»	0.20	0.50	»	»	10 gr.
Pyrèthre pulv. (insecticide)......										

Q

NOMENCLATURE	QUANTITÉS diverses	0.10	0.50	1 »	5 »	10 »	30 »	100	500	Maximum
Quassia amara..................	»	»	»	»	»	»	0.15	»	»	30 gr.
— — pulv..............	»	»	»	»	»	0.20	»	»	»	10 gr.
Quassine amorphe..............	»	»	0.25	0.50	2 »	»	»	»	»	2 gr.
Quinine brute.................	»	»	»	0.30	1.25	»	»	»	»	5 gr.
— bromhydrate...........	»	»	»	0.75	2.50	»	»	»	»	2 gr.
— chlorhydrate..........	»	»	»	0.75	2.50	»	»	»	»	2 gr.
— lactate..............	»	»	»	1 »	»	»	»	»	»	1 gr.
— salycilate............	»	»	»	0.80	»	»	»	»	»	1 gr.
— sulfate..............	»	»	»	0.50	2 »	»	»	»	»	3 gr.
— sulfovinate...........	»	»	»	1.50	»	»	»	»	»	1 gr.
— valérianate...........	»	»	»	0.60	2.50	»	»	»	»	3 gr.
Quinium......................	»	»	»	0.20	1 »	»	»	»	»	5 gr.
Quinoïdine...................	»	»	»	0.15	»	1 »	»	»	»	10 gr.
Quinquina gris concassé.........	»	»	»	»	»	0.15	0.40	»	»	30 gr.
— — pulv...............	»	»	»	»	»	0.20	0.50	»	»	30 gr.
— jaune concassé..........	»	»	»	»	»	0.20	0.50	»	»	30 gr.
— — pulv.............	»	»	»	»	»	0.20	0.60	»	»	30 gr.
— — (extrait).........	»	»	»	0.25	0.75	»	»	»	»	5 gr.
— — (sirop)..........	»	»	»	»	»	»	0.20	0.50	»	200 gr.
— — (teinture)........	»	»	»	»	»	»	0.40	»	»	30 gr.
— — vin (au vin rouge ou blanc ordinaire)....	»	»	»	»	»	»	»	»	1 »	250 gr.

NOMENCLATURE	QUANTITÉS diverses	0.10	0.50	1 »	5 »	10 »	30 »	100	500	Maximum
R										
Ratanhia (racine entière)........	»	»	»	»	»	»	0.30	»	»	30 gr.
— pulv....................	»	»	»	»	0.10	0.15	»	»	»	10 gr.
— (extrait)................	»	»	»	0.10	0.50	»	»	»	»	5 gr.
— (sirop).................	»	»	»	»	»	»	0.15	0.50	»	100 gr.
— (teinture).............	»	»	»	»	»	»	0.30	»	»	30 gr.
Réglisse coupée................	»	»	»	»	»	»	0.10	»	»	30 gr.
— pulv....................	»	»	»	»	»	0.10	»	»	»	10 gr.
Résorcine	»	»	»	0.15	0.50	»	»	»	»	5 gr.
Résine de gaïac..............	»	»	»	»	0.10	0.20	»	»	»	10 gr.
— de jalap..............	»	»	»	0.20	»	»	»	»	»	2 gr.
— scammonée.............	»	»	0.15	0.20	»	»	»	»	»	1 gr.
Rhubarbe entière..............	»	»	»	»	0.10	0.20	»	»	»	15 gr.
— (sirop).............	»	»	»	»	»	»	0.20	»	»	60 gr.
— (teinture)..........	»	»	»	»	»	»	0.30	»	»	30 gr.
— pulv...............	»	»	»	0.05	0.15	0.25	0.75	»	»	10 gr.
— (extrait)............	»	»	»	0.10	0.50	»	»	»	»	5 gr.
Riz entier	»	»	»	»	»	»	0.05	0.15	»	100 gr.
— pulv..................	»	»	»	»	»	»	0.10	0.25	»	100 gr.
Ronces (feuilles et boutons).....	»	»	»	»	»	»	0.15	»	»	30 gr.
Roses rouges.................	»	»	»	»	0.10	»	0.50	»	»	15 gr.
S										
Safran.......................	»	»	»	0.20	»	»	»	»	»	2 gr.
— pulv.....................	»	»	0.20	0.40	»	»	»	»	»	1 gr.
Sainbois.......................	le paq. 0.05	»	»	»	»	»	»	»	»	1 paquet
Salol.........................	»	»	»	0.15	»	»	»	»	»	10 gr.
Salepareille coupée............	»	»	»	»	»	»	0.20	0.60	»	60 gr.
— (extrait)................	»	»	»	0.15	»	»	»	»	»	
Sangsues.......................	la pièce 0.20	»	»	»	»	»	»	»	»	10.
Sanguenite (absinthe maritime)..	»	»	»	»	»	»	0.15	»	»	30 gr.
Santal (capsules d'essence)......	l'une 0.05	»	»	»	»	»	»	»	»	30 caps.
Santonine..................	»	0.10	0.30	»	»	»	»	»	»	50 centig.
Sapin (bourgeons).............	»	»	»	»	»	»	0.15	»	»	60 gr.
Sauge mondée.................	»	»	»	»	»	»	0.15	»	»	30 gr.
Savon noir ou vert..............	»	»	»	»	»	»	»	0.15	»	100 gr.
Scammonée pulv...............	»	»	0.15	0.25	»	»	»	»	»	1 gr.
Scille pulv...................	»	»	»	»	0.20	»	»	»	»	
— (teinture)...............	»	»	»	»	»	0.20	»	»	»	15 gr.
— (extrait)...............	»	»	»	0.15	»	»	»	»	»	
Sel de Seignette (tartrate de potasse et de soude)....................	»	»	»	»	»	»	0.30	»	»	30 gr.
Semen-contra entier............	»	»	»	»	»	0.05	0.15	»	»	30 gr.
— pulv..................	»	»	»	»	»	0.15	»	»	»	10 gr.
Séné (feuilles).................	»	»	»	»	»	»	0.20	»	»	15 gr.
— (follicules)..............	»	»	»	»	»	»	0.30	»	»	15 gr.
Sirops. (Voir la substance).......										
Sirop antiscorbutique............	»	»	»	»	»	»	0.20	0.50	2 »	250 gr.
— de Gibert.............	»	»	»	»	»	»	»	0.60	2.50	250 gr.
— pectoral...............	»	»	»	»	»	»	0.20	0.50	»	100 gr.
— thébaïque.............	»	»	»	»	»	»	0.20	0.60	»	100 gr.
Solution (Voir page 41).........	prép⁰ⁿ 0.20	»	»	»	»	»	»	»	»	
— arsenicale (préparation magistrale)................	»	»	»	»	»	»	»	0.50	1.50	
— gommeuse 2/60...........	»	»	»	»	»	»	0.10	0.30	»	100 gr.
Soude (benzoate)...............	»	»	»	0.15	0.50	»	»	»	»	5 gr.
— (bi-carbonate)............	»	»	»	»	»	»	0,10	0.20	»	100 gr.

NOMENCLATURE	QUANTITÉS diverses	0.10	0.50	1 »	5 »	10 »	30 »	100	500	Maximum
Soude (borates)....................	»	»	»	»	»	0.10	0.15	0.40	»	100 gr.
— (bromure de sodium)......	»	»	»	»	»	0.30	0.75	»	»	30 gr.
— (carbonate pour bain)......	»	»	»	»	»	»	»	0.10	0.25	500 gr.
— (chlorure de sodium, sel marin	»	»	»	»	»	»	»	»	0.20	500 gr.
— (hypochlorite, chlorure d'oxyde de sodium, liqueur de Labarraque)..........	»	»	»	»	»	»	»	0.30	0.75	500 gr.
Soude (hypophosphite)...........	»	»	»	0.20	0.75	»	»	»	»	5 gr.
— (hyposulfite)	»	»	»	»	»	0.10	0.25	»	»	30 gr.
— (iodure de sodium crist.)...	»	»	»	0.10	0.40	0.75	2.25	»	»	10 gr.
— (lactate)	»	»	»	0.10	0.40	0.75	»	»	»	10 gr.
— (phosphate).................	»	»	»	»	»	»	0.30	»	»	30 gr.
— (salicylate-crist.)	»	»	»	»	0.50	1 »	»	»	»	10 gr.
— (sulfate)...................	»	»	»	»	»	»	0.10	»	»	60 gr.
— (mono-sulfure)	»	»	»	»	»	0.10	»	»	»	
Soufre en canon.................	»	»	»	»	»	»	»	»	0.30	100 gr.
— lavé......................	»	»	»	»	»	0.10	0.30	»	»	30 gr.
— sublimé ordinaire	»	»	»	»	»	»	0.05	0.10	»	30 gr.
Sparadrap de Diachylon..........	le déc. 0.10 le roul. 0.60	»	»	»	»	»	»	»	»	1/2 mètre
— de poix de Bourgogne......										
— de thapsia	V. emplâtres									
— de Vigo...................										
Spartéine (sulfate)...............	»	»	0.60	1 »	»	»	»	»	»	1 gr.
Stramonium (feuilles)............	»	»	»	»	»	»	0.20	»	»	30 gr.
— (feuilles pulv.)............	»	»	»	»	0.15	»	»	»	»	5 gr.
Strontium (bromure de)...........	»	»	»	»	»	0.40	1 »	»	»	30 gr.
— (iodure)...................	»	»	»	»	»	0.75	1.50	»	»	15 gr.
— (lactate)	»	»	»	»	»	0.40	1 »	»	»	15 gr.
Strophantus (teinture au 1/5e)	»	»	»	»	»	0.25	0.50	»	»	5 gr.
Strophantus (extrait).............	»	0.20	0.60	1 »	»	»	»	»	»	
Strychnine et ses sels............	le cent 0.05	0.25	»	»	»	»	»	»	»	
— (sirop de sulfate)..........	»	»	»	»	»	»	0.30	1 »	»	50 gr.
Sublimé corrosif (Voir bi-chlorure de mercure)...................	»	»	»	0.10	»	0.50	»	»	»	10 gr.
Sucre de lait pulv. (lactose)......	»	»	»	»	0.10	0.15	0.40	»	»	30 gr.
Sullonal	»	»	»	0.20	»	»	»	»	»	5 gr.
Suppositoires simples............	l'un 0.20	»	»	»	»	»	»	»	»	n° 5.
Sureau (fleurs)..................	»	»	»	»	»	»	0.15	»	»	30 gr.
Suspensoirs ordinaires..........	l'un 0.75	»	»	»	»	»	»	»	»	1.

T

NOMENCLATURE	QUANTITÉS diverses	0.10	0.50	1 »	5 »	10 »	30 »	100	500	Maximum
Talc............................	»	»	»	»	»	»	0.05	0.15	»	100 gr.
Taffetas d'Angleterre............	la pièce 0.20	»	»	»	»	»	»	»	»	
— gommé...................	le mètre 3 »	»	»	»	»	»	0.60	»	»	30 centim sur la larg. de la pièce
Tan (Voir écorce de chêne)	»	»	»	»	»	»	0.10	0.20	»	100 gr.
Tannin (acide tannique).........	»	»	»	»	0.15	0.25	0.60	»	»	30 gr.
Teintures (Voir la substance).....										
Térébenthine de Venise..........	»	»	»	»	»	0.15	0.30	»	»	30 gr.
— cuite	»	»	»	»	»	0.15	0.30	»	»	10 gr.
— (essence de).............	»	»	»	»	»	»	0.10	0.30	»	100 gr.
— (capsules de)..........	l'une 0,02	»	»	»	»	»	»	»	»	50 caps.
— (capsules d'essence de).....	l'une 0.02	»	»	»	»	»	»	»	»	50 caps.
Terpine.........................	»	»	»	0.15	0.75	»	»	»	»	5 gr.
Thé vert........................	»	»	»	»	»	0.15	»	»	»	10 gr.
Thridace........................	»	»	»	0.15	0.50	»	»	»	»	5 gr.

NOMENCLATURE	QUANTITÉS diverses	0.10	0.50	1 »	5 »	10 »	30 »	100	500	Maximum
Tilleul (fleurs).................	»	»	»	»	».	»	0.10	»	»	30 gr.
Thymol (V.acide thymiquecrist.).	»	»	»	0.20	0.75	»	»	»	»	5 gr.
Trinitrine (sol. alcool.au centième)	»	»	»	0.10	0.40	»	»	»	»	5 gr.
Turbith minéral (V. sous-sulfate de mercure).................	»	»	»	0.20	»	»	»	»	»	»

U

NOMENCLATURE	QUANTITÉS diverses	0.10	0.50	1 »	5 »	10 »	30 »	100	500	Maximum
Uva ursi (Voir busserole)........	»	»	»	»	»	»	0.20	»	»	30 gr.

V

NOMENCLATURE	QUANTITÉS diverses	0.10	0.50	1 »	5 »	10 »	30 »	100	500	Maximum
Valériane (racines)..............	»	»	»	»	»	»	0.15	»	»	30 gr.
— pulv.....................	»	»	»	»	»	0.15	0.30	»	»	30 gr.
— (extrait).................	»	»	»	0.	»	»	»	»	»	30 gr.
— (sirop)...................	»	»	»	»	»	»	0.20	0.60	»	100 gr.
— (teinture)................	»	»	»	»	»	»	0.30	»	»	30 gr.
— (teinture éthérée).........	»	»	»	»	»	0.20	»	»	»	5 gr.
Vaseline.....................	»	»	»	»	»	0.10	0.25	»	»	30 gr.
Vératrine....................	»	0.20	0.50	»	»	»	»	»	»	

Vins médicamenteux au vin rouge ou blanc ordinaire. (Voir quinquina et gentiane).

NOMENCLATURE	QUANTITÉS diverses	0.10	0.50	1 »	5 »	10 »	30 »	100	500	Maximum
Vin aromatique.................	»	»	»	»	»	»	0.30	»	»	100 gr.
— de la Charité.............	litre 2.50	»	»	»	»	»	»	»	1.25	1/2 litre.

Z

NOMENCLATURE	QUANTITÉS diverses	0.10	0.50	1 »	5 »	10 »	30 »	100	500	Maximum
Zinc (chlorure sec).............	»	»	»	0.15	0.50	»	»	»	»	
— (chlorure liquide à 45° pour désinfection)............	litre 1.50	»	»	»	»	»	»	»	»	1/2 litre.
— (oxyde)..................	»	»	»	»	0.10	0.20	»	»	»	10 gr.
— phosphure................	»	0.25	»	»	»	»	»	»	»	
— sulfate pur..............	»	0.05	0.10	»	»	»	»	»	»	
— valérianate..............	»	»	»	0.20	1 »	»	»	»	»	5 gr.

PRIX

DES

MANIPULATIONS POUR LES PRÉPARATIONS MAGISTRALES

1° Collutoires, Collyres, Electuaires, Glycérolés, Injections, Lavements, Liniments, Lotions, Mélanges, Mixtures, Opiats, Pommades, Poudres composées et sans division, **Solutions.**

Pour établir le prix de ces préparations magistrales, on fera d'abord le total des prix de chacune des substances qui entrent dans leur composition, et on ajoutera un prix fixe de manipulation de 0 fr. 20.

Il ne sera pas fait de pesée à moins de 0 fr. 05.

2° Décoctions, Infusions, Lixiviations, Macérations.

Les prix des décoctions, des infusions, de lixiviations se feront en ajoutant au prix des substances un prix proportionnel de manipulation, fixé par le tableau ci-contre :

Jusqu'à 100 gram.	0f	20
de 101 à 250 —	0	30
de 251 à 500 —	0	40
de 501 à 1.000 —	0	70

3° Paquets et Pilules.

La préparation d'une poudre composée et sa division en paquets, ainsi que la préparation d'une masse pilulaire et sa division en pilules, sont réglées comme il suit, d'après le nombre de paquets ou de pilules :

Jusqu'à 20, le paquet ou la pilule, 0 fr. 02; au-dessus, 0 fr. 01.

Exemple : 20 pilules, 0 fr. 40; 30 pilules, 0 fr. 50; 40 pilules, 0 fr. 60; 50 pilules, 0 fr. 70; 100 pilules, 1 fr. 20.

Les substances se comptent en plus.

NOTA. — Pour ne pas introduire de fractions de 5 centimes dans les mémoires, on les négligera quand elles seront inférieures à 3 centimes, et 3 ou 4 centimes se compteront comme 5 centimes.

4° Cachets médicamenteux.

La préparation d'une poudre composée et sa division en cachets médicamenteux sont réglées comme il suit, d'après le nombre de cachets :

0 fr. 03 le cachet en outre du prix des substances, mais y compris la valeur des rondelles de pain azyme.

Les potions et gargarismes sont tarifés à un prix uniforme, savoir :

Potions : Quand la quantité de véhicule sera supérieure à 100 grammes, 0 fr. 90.; quand elle sera inférieure, 0 fr. 60.

Gargarismes : Pour 250 grammes de véhicule, 0 fr. 75; pour 150 grammes, 0 fr. 50.

N. B. — Sont exceptées : les potions qui renferment du sulfate de quinine, de l'extrait de quinquina — de l'ergotine — de la teinture de musc. — Ces substances sont comptées en sus du prix de la potion.

Pour les potions au sous-nitrate de bismuth, au salicylate de soude et à l'extrait de ratanhia, ces substances ne seront comptées en sus que lorsque leur quantité dépassera 2 grammes.

Les analyses d'urines qualitatives seront faites gratuitement.

En ce qui concerne les vins médicinaux, il ne peut être prescrit que des vins préparés avec du vin rouge ou du vin blanc ordinaire.

Toutes les spécialités restent supprimées, ainsi que les eaux minérales naturelles quelconques.

MM. les Pharmaciens ne pourront, sous aucun prétexte, inscrire sur leurs mémoires une seule spécialité, ni substituer des dragées ou des granules aux pilules prescrites sous la forme ordinaire.

Vu

Le Préfet du Morbihan,

Ernest MOULLÉ.

Vannes. — Imp. GALLES.

www.ingramcontent.com/pod-product-compliance
Lightning Source LLC
Chambersburg PA
CBHW070747280326
41934CB00011B/2828